평범한 우리 어린이들을 다음 세대
위인으로 만들어 줄 교과서 위인 이야기!
효리원의 교과서 위인 이야기는 초등학교
교과 과정에 나오는 국내외 위인들을, 우리나라
최고 아동 문학가 53인이 재미있게 동화로 구성했습니다.
지혜와 용기로 위대한 삶을 산 위인들의 이야기는,
어린이들의 마음속에 '나도 할 수 있다.'는
희망의 씨앗을 심어 줄 것입니다!

KB192174

일러두기

1. 띄어쓰기와 맞춤법 : 초등학교 국어 교과서와 국립국어원의 『표준국어대사전』을 기준으로 하였습니다.

2. 외래어 지명과 인명 : 국립국어원의 『외래어 표기 용례집』을 기준으로 하였습니다.

3. 이해가 어려운 단어 : ( ) 안에 뜻풀이를 하였습니다.

4. 작가 연보 : 연도와 함께 나이를 표기하고, 업적을 간략히 소개하였습니다. 우리나라 위인은 태어난 해를 한 살로 하였고, 외국 위인은 만 나이를 한 살로 하였습니다. 정확한 자료가 없는 위인은 연도와 업적만을 나타냈습니다.

5. 내용 구성 : 위인의 삶은 역사적 자료를 바탕으로 최대한 사실적으로 구성하였습니다. 그러나 읽는 재미를 위해 대화 글이나 배경 묘사, 인물의 감정 표현 등에 작가의 상상력을 가미하였습니다.

6. 그림 구성 : 문헌을 바탕으로 위인이 살던 시대를 충실히 나타내도록 하되 복식의 색상이나 장식, 소품, 건물 등은 작가의 상상으로 그렸습니다.

7. 내용 감수 : 각 분야의 전문가들로 구성된 편집 위원들이 꼼꼼히 감수를 하였습니다.

편집 위원

김용만(우리역사문화연구소장)
교과서에서 만나는 위인들을 중심으로 일화와 함께 그림과 사진을 곁들여 지루하지 않게 읽을 수 있습니다. 술술 읽다 보면 학교 공부에도 많은 도움이 될 것입니다.

신현득(동시인, 전 새싹회 회장)
우리가 자주 듣고 접하는 역사 속 실존 인물들이 자신의 꿈을 이루기 위해 어떻게 노력했는지 깨달아 가면서 우리 어린이들은 한층 더 성숙해질 것입니다.

윤재운(동북아역사재단 연구 위원)
위인전을 읽으면서 어린이들은 시대를 넘어 간접 체험을 할 수 있습니다. 어떻게 살아야 하는지 인생에 대한 동기 부여와 함께 삶이 보다 풍요로워질 것입니다.

이은경(철학 박사, 전북과학대 유아교육학과 교수)
한 사람의 인격과 품성은 어릴 때 형성됩니다. 따라서 초등학교 저학년 때 어떤 책을 읽느냐에 따라 생각의 크기가 달라집니다. 어린이의 미래를 위해 이 책은 꼭 읽어야 합니다.

이창열(하버드 물리학 박사, 전 국가과학기술자문회의 전문 위원)
세상을 바꾼 위대한 인물의 이야기는 어린이의 인성 및 감성 발달에 큰 영향을 미칠 뿐 아니라 실험 정신과 개척 정신을 길러 줍니다. 용기와 지혜로 세상을 헤쳐 나가는 당당한 어린이를 꿈꾼다면 이 책은 꼭 한번 읽어 보아야 합니다.

정재도(한글학자)
위인으로 일컬어지는 이들은 어떤 생각을 하고, 어떤 삶을 살았을까요? 그들의 흔적을 담은 위인전은 복잡한 현대를 이끌어 갈 우리 어린이들에게 나침반과 같은 역할을 할 것입니다.

조수철(서울대학교 의과대학 소아정신과 교수)
위인전은 시대와 신분, 업적이 다른 위인들의 삶이 다양하고 흥미롭게 구성되어 있어 손쉽게 여러 삶의 모습을 만날 수 있습니다. 용기 있게 고난을 헤쳐 나간 위인의 이야기를 통해 삶의 지혜를 배울 수 있을 것입니다.

거란의 10만 대군을 물리친
고려의 명장

강감찬

이동렬 글 / 박 준 그림

 효리원
hyoreewon.com

한창 꿈 많은 어린 시절에, 역사와 민족을 위해 큰 발자취를 남긴 위대한 인물의 일대기를 읽고 공부하는 것은 매우 중요합니다.

나라를 위해, 인류를 위해 자기 자신과 싸운 인물을 통해 보다 큰 꿈과 희망을 품을 수 있기 때문입니다.

또한 실력과 능력, 성실함을 갖춘 인물들의 말이나 행동, 생활을 자신의 그것과 비교해 보면서, 무엇이 더 가치 있는 생활인가를 판단해 볼 수 있는 좋은 기회가 될 것입니다.

따라서 학부모님들은 어린이들이 먼저 강감찬의 위인전을 꼼꼼하게 읽어 보게 하시고, 다음과 같은 점들을 지도해 주십시오.

첫째, 거란족의 침입을 막기 위해 강감찬이 어떠한 노력을 했는지 열거해 보도록 하십시오. 또한 훌륭한 인물이 되기 위해서는

반드시 그에 걸맞는 노력이 뒤따라야 함을 깨닫게 해 주십시오.

둘째, 위인전『강감찬』을 통해 그의 업적이 왜 훌륭한지 생각해 볼 수 있도록 하십시오. 그래서 개인을 위하는 일과 나라와 겨레, 즉 여러 사람을 위해 애쓰는 일 중에 어느 것이 더 중요한 일이며, 칭찬받아 마땅한 일인지 스스로 판단하도록 지도해 주십시오.

셋째, 위인전『강감찬』을 읽으면서 그 당시의 역사와 사회를 느끼도록 가르치십시오. 한 인물의 생애에는 당시의 사회상이 담겨져 있다는 것을 이해할 수 있도록 지도해 주십시오.

여러 가지 어려움이 있었으나 끝까지 포기하지 않고 노력해 귀주 대첩을 승리로 이끌고, 위태로운 상황에 처한 나라를 구한 고려의 명장 강감찬의 일생을 통해 우리 어린이들은 용맹스러움과 지혜로움, 포기하지 않는 용기를 배우게 될 것입니다.

고려 시대 가장 높은 벼슬인 문하시중에까지 올랐던 뛰어난 장수 강감찬은, 거란족이 세 번이나 고려를 침략해 왔지만 세 번 모두 위태로운 상황에 처한 나라를 구했습니다.

이렇게 용맹스러웠던 강감찬의 어린 시절은 과연 어땠을까요?

흔히 생각하기에 위대한 인물은 평탄하고 행복한 생활만 했을 것 같지만, 나라의 영웅이 되기까지 강감찬에게도 여러 가지 어려움이 많았답니다. 어릴 적부터 작은 몸집과 못생긴 외모로 친구들의 놀림을 받았고, 어린 나이에 부모님을 모두 잃었습니다. 벼슬길에도 나이가 많이 들어서야 오를 수 있었지요.

여러분도 목표를 향해 꾸준히 노력한다면 강감찬 장군처럼 나라에 꼭 필요한 인물이 될 수 있을 것입니다. 지금부터 강감찬 장군의 씩씩함과 용기, 지혜로움을 한 걸음씩 따라가 봅시다.

글쓴이 이동렬

차 례

이 책을 읽는 학부모님과 선생님께 ⸺⸺⸺ 6

머리말 ⸺⸺⸺ 8

하늘에서 내린 아이 ⸺⸺⸺ 10

작고 못생긴 소년 대장 ⸺⸺⸺ 16

아아, 아버지! ⸺⸺⸺ 25

장원 급제 ⸺⸺⸺ 32

호랑이 사냥 ⸺⸺⸺ 39

오랑캐에 맞서서 ⸺⸺⸺ 46

귀주 대첩 ⸺⸺⸺ 52

나라 위해 바친 목숨 ⸺⸺⸺ 66

강감찬의 삶 ⸺⸺⸺ 71

읽으며 생각하며! ⸺⸺⸺ 72

하늘에서
내린 아이

고려의 3대 임금인 정종 때입니다.

어느 날 저녁, 사신이 지금의 서울 낙성대 근처를 지나는데,
별이 하나 땅으로 떨어지는 게 보였습니다.

"방금 별 하나가 저쪽으로 떨어지는 것을 자네도 보았지?"

"예, 아마도 별똥별이 아닐는지요."

"아닐세. 저 별은 바로 '문곡성'이야. 세상에 큰 인물이 태어
날 것을 미리 알려 주는 별이라네. 그러니 저 별이 떨어진 집
을 찾아보세."

일행은 곧 문곡성이 떨어진 집으로 달려갔습니다.

커다란 집인 데다가 불이 환하게 켜져 있어서 찾기가 쉬웠습니다.

"주인어른께 손님이 찾아왔다고 여쭈어라."

"예, 곧 강궁진 대감께 알리겠습니다."

사신은 하인에게 주인이 누구인지를 들었습니다.

집주인인 강 대감은 왕건이 고려를 세울 때 큰 공을 세운 인물이었습니다.

"방금 저희 안방마님께서 아드님을 낳으셨습니다. 그러니 조금만 기다려 주십시오."

"집안에 경사가 생겼구나!"

잠시 후, 강 대감이 손님을 만나러 나왔습니다.

"오래 기다리게 해서 죄송합니다."

"별말씀을요. 먼저 축하드립니다. 제가 이곳에 온 것은, 신기한 일을 알려 드리기 위해서랍니다."

"신기한 일이라면……?"

낙성대 | 서울시 관악구 봉천동에 있는 강감찬 장군의 출생지입니다. 서울 유형 문화재 제4호로, 하늘에서 큰 별이 떨어진 날 태어났다고 하여 이렇게 이름지었다고 합니다.

"제가 길을 가다가 문곡성이 이 집 위로 떨어지는 것을 똑똑히 보았습니다. 그리고 방금 귀한 아드님이 태어났다고 하니, 분명 하늘의 기운을 받고 세상에 나온 것이 틀림없습니다."

"그게 정말입니까? 만약 사실이라면 그보다 더 기쁜 일은 없지요, 하하하."

기분이 좋아진 강 대감은 사신과 함께 밤새도록 이런저런

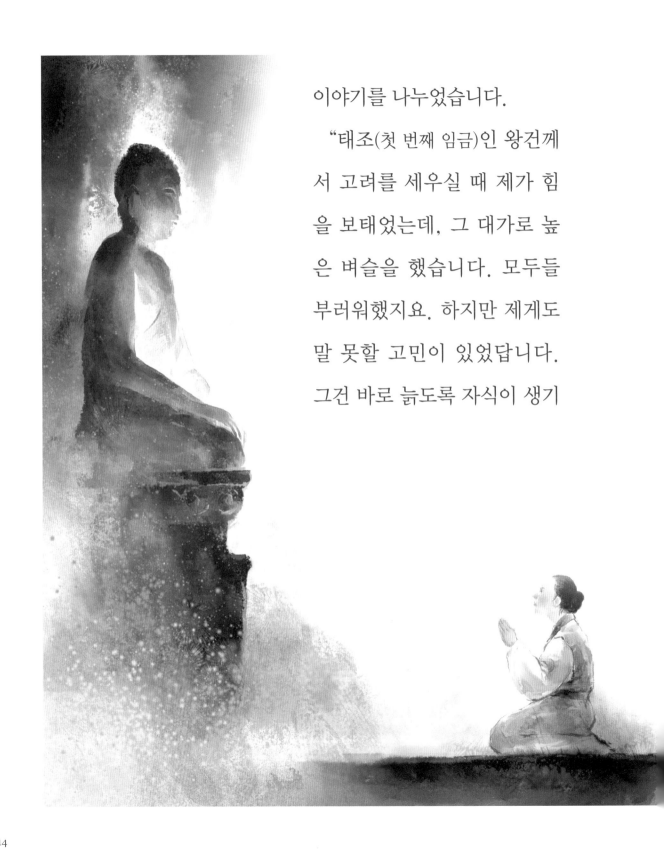

이야기를 나누었습니다.

"태조(첫 번째 임금)인 왕건께서 고려를 세우실 때 제가 힘을 보태었는데, 그 대가로 높은 벼슬을 했습니다. 모두들 부러워했지요. 하지만 제게도 말 못할 고민이 있었답니다. 그건 바로 늙도록 자식이 생기지 않는다는 것이었지요."

"부인께서 온갖 정성을 다하시자 하늘도 감동해서 아들을 내려 주신 것이로군요."

"예, 그렇게 생각됩니다. 안사람(아내)이 가까운 절을 찾아가 오랫동안 정성스럽게 불공을 드렸답니다."

"그렇듯 귀하게 태어난 이 댁의 아드님은 장성하여 분명 나라에 큰 인물이 될 것입니다. 하늘에서 밝게 빛나는 별을 보내 주었으니 말입니다."

사신의 말에 강 대감은 흐뭇한 웃음을 지었습니다.

다음 날, 기쁜 소식을 전해 준 사신이 돌아가겠다고 하자 강 대감은 정성스럽게 배웅을 해 주었습니다.

작고 못생긴
소년 대장

별의 뜻을 품고 태어난 아이는 가족들의 사랑 속에서 무럭
무럭 자랐습니다. 강 대감은 아이의 이름을 '은천'이라고 지었
습니다.

"걱정이 많구나! 은천이가 태어났을 때에는 장차 큰 인물이
될 것이라 굳게 믿었는데, 또래 친구들보다 키도 훨씬 작고,
얼굴까지 못생겼으니…….'

강 대감은 어린 아들을 보면서 걱정을 했습니다.

하지만 은천에게는 남들에게 없는 장점이 있었습니다.

"지나친 걱정은 하지 말아야지. 저 아이의 눈빛은 강하고 맑으니, 어른이 되면 틀림없이 지금보다 훨씬 나아질 거야."

강 대감은 은천이 여섯 살이 되자, 글공부를 시켰습니다. 또한 전쟁터에서 적과 싸워 이기는 방법을 적은 '병서'도 구해 주었습니다.

"정말 신기하고 재미있는 책이네! 나라를 튼튼하게 지키려면 무엇보다도 용맹한 장군이 있어야만 해. 그러니 나는 커서 꼭 장군이 될 테야. 장군이 되어 고려를 괴롭히는 거란족을 무찌르고 나라를 지켜 낼 거야!"

은천은 굳게 결심을 했습니다. 그때부터 은천은 글공부와 함께, 열심히 무예를 익혔습니다. 그리고 동네 아이들을 모아 전쟁놀이를 자주 벌였습니다.

"얘들아! 나를 따르라!"

"와!"

다른 아이들보다 몸집이 작은 은천이었지만, 늘 대장 노릇을 맡아 했습니다. 왜냐하면 은천은 덩치 큰 아이들을 이길 수 있는 기막힌 작전을 잘 세우기 때문이었습니다.

"얘들아! 나에게 우리 편이 이길 수 있는 기막힌 작전이 있어. 우선 너희들을 세 무리로 나누어 줄 테니 두 무리는 산속 벼랑 쪽에 따로 숨고, 나머지는 여기 남아 있어."

"하지만 우리 편은 저쪽 편보다 수가 적잖아. 그런데도 우리 보고 숨어 있으라고?"

"걱정하지 말고, 내 말을 믿어 봐. 우리 편이 적기 때문에 작전을 써야만 이길 수 있어. 여기 남아 있는 너희들은 적에게 쫓겨 도망을 치는 척하면서 그들을 벼랑 쪽으로 이끌어야 해. 알겠지?"

"아! 그런 후에, 벼랑 쪽에 숨어 있는 우리 편이 방심하고 있는 상대편을 공격하는 거지? 그렇게 하면 정말 쉽게 이길 수 있겠구나!"

은천의 작전을 들은 아이들은 고개를 끄덕이면서 은천의 꾀에 감탄했습니다.

아이들의 전쟁놀이 소식은 어른들에게도 전해졌습니다.

"은천이가 비록 몸집은 작아도 아주 용감하다네."

"그러게 말이야. 하늘에서 문곡성이 내렸다고 하더니만 나중에 큰일을 할 인물인가 봐."

"이대로 쑥쑥 자라서 훗날 거란족을 몰아 낼 인물이 되면 좋겠는데 말이야."

마을 어른들은 은천이 자라서 거란족을 무찔러 주기를 바랐습니다. 은천이 사는 마을뿐 아니라 다른 마을 사람들도 그렇게 생각했습니다.

그만큼 거란족이 고려 땅에 들어와 백성들을 괴롭히는 일이 많았답니다.

"내가 커서 어른이 되면, 반드시 거란족을 고려 땅에서 쫓아내 버릴 테야!"

은천은 무예를 연습할 때마다 이렇게 마음속으로 굳게 다짐하곤 했습니다.

아아,
아버지!

    은천은 땀을 흘리며 열심히 무예를 연습했습니다. 물론 글 공부도 소홀히 하지 않았답니다.

    그런데 뜻밖의 불행이 닥쳤습니다. 은천의 아버지가 깊은 병에 걸리고 만 것입니다.

    "아버지, 이 약 좀 드세요. 그리고 어서 예전처럼 기운을 내 셔야지요."

    "콜록 콜록……. 그러게 말이다."

    유명한 의원이 찾아와 약을 지어 주었지만, 아무 소용이 없

었습니다. 강 대감의 병은 더 깊어만 갔습니다.

"은천아! 오늘은 내가 너에게 꼭 해 줄 말이 있단다."

"네, 아버지! 말씀하세요."

"아무래도 내가 오래 살 것 같지 않구나. 물론 어린 너를 두고 가는 것은 매우 슬픈 일이지만, 사람은 모두 언젠가는 죽는 법이란다. 그러니 너무 서럽게 생각하지 마라."

"아버지, 그런 말씀 하지 마세요. 아버지는 꼭 다시 건강해지실 거예요."

은천은 눈물을 꾹 참으며 말했습니다. 그런 은천의 모습을 지켜보는 강 대감의 마음도 쓰라렸어요.

"은천아, 지금부터 내가 하는 말을 새겨듣도록 해라. 내가 죽더라도 너무 슬퍼하지 말고, 공부를 열심히 하여라. 개경에 사는 최승로라는 어른에게 너를 부탁해 둘 테니, 내가 죽거든 그분을 찾아가거라. 꼭 나라에 보탬이 되는 인물이 되어야 한다. 알겠느냐?"

며칠 후에 강 대감은 결국 숨을 거두었습니다.

"아버지! 흑흑흑……."

은천은 눈물을 비 오듯 쏟으며 무척 슬퍼했습니다. 하지만 아버지가 남기신 마지막 유언을 기억했습니다.

"아버지가 말씀하신 대로 개경에 가서 최승로 어른을 찾아 뵙자. 그곳에서 아버지가 바라신 대로 열심히 공부하자."

그 길로 개경으로 간 은천은 최승로를 찾아갔습니다. 최승로는 은천을 아주 따뜻하게 맞아 주었습니다.

"네가 은천이구나! 역시 소문대로 눈빛이 총명하구나. 이제 너도 나이가 들어 가니 어릴 적 이름을 버리고, '감찬'이라고 부르자꾸나."

은천은 그날부터 '강감찬'이라는 이름을 가지게 되었습니다. 감찬은 열심히 책을 읽으며 학문에 힘썼습니다.

"그동안 많은 책을 읽어 책 속의 지식은 그런 대로 갖추었으나, 세상 경험이 부족한 것 같습니다. 그러니 전국을 돌며 여러 가지 경험을 쌓고 돌아오겠습니다."

강감찬은 집을 나가 전국을 돌아다녔습니다. 신기한 일도

있었지만, 어려운 일도 많았답니다. 그러는 동안 세월은 무려 10년이나 지났습니다.

강감찬은 다시 집으로 돌아왔습니다. 하지만 슬픈 일이 기다리고 있었습니다. 그를 돌봐 주던 최승로 대감이 회복할 수 없는 병에 걸려 있었던 것입니다.

"감찬아! 이제 네 나이도 벌써 서른이 넘었구나. 더 늦기 전에 과거를 보아 벼슬길에 올라야 하지 않겠니? 나라를 위해 큰일을 해야 돌아가신 네 아버지도 기뻐하실 게다."

최승로 대감은 이 말을 남기고 얼마 지나지 않아 숨을 거두었습니다. 강감찬은 열심히 공부해서 과거에 꼭 급제하겠다고 결심했습니다.

장원 급제

고려의 여섯 번째 임금인 성종이 나라를 다스린 지 2년이
지났습니다. 때는 서기 983년입니다.

성종 임금은 특별히 나라 안의 훌륭한 인물을 뽑기 위해 과
거를 실시하라고 명령했습니다.

"임금님께서 올해 많은 인재를 뽑으실 거라고 하던데, 자네
도 그 소식 들었나?"

"들었네. 그래서 나도 이번에 과거를 치르려고 한다네."

전국의 각 고을마다 과거를 실시한다는 소문이 퍼져 나갔습

니다. 어린 소년에서부터 나이 든 노인까지 과거를 보겠다는 사람은 구름처럼 많았습니다.

"나도 그동안 갈고닦은 실력으로 과거 시험을 보아야지."

강감찬 또한 다짐했습니다.

마침내 과거 시험을 치르는 날입니다.

"시험 문제를 펼치겠습니다!"

북이 울리고, 시험관이 시험 문제를 공개했습니다. 그와 동시에 시험장은 아주 조용해졌습니다. 모두들 머릿속으로 답을 떠올리려고 입을 다문 채 애를 썼습니다.

'침착하게 생각하자. 분명히 좋은 답을 생각해 낼 수 있을 거야.'

강감찬은 생각을 가다듬은 후, 한 글자씩 또박또박 써 나가기 시작했습니다. 조금도 머뭇거림 없이 답안지를 작성했습니다. 마감 시간이 되자 시험관은 답안지를 모두 걷어 가 심사를 했습니다.

"지금부터 시험 결과를 발표하겠습니다. 장원은 금주 고을

에 사는 강감찬!"

강감찬은 벌떡 일어나 앞으로 씩씩하게 걸어 나갔습니다.

"아니, 저 사람이 장원 급제를 했다고?"

"에이, 설마! 얼굴이 너무 못생겼잖아. 게다가 땅딸보야."

사람들은 수군거렸습니다. 당연히 잘생기고 늠름한 사람이 장원 급제를 했을 거라고 믿었기 때문입니다.

성종 임금은 장원 급제를 한 강감찬을 불렀습니다.

"그대가 금주 고을에 사는 강감찬인가?"

"예, 그러하옵니다."

"오, 장한지고! 그대의 아버지는 누구인가?"

"저희 아버지는 고려를 세울 때 큰 공을 세운 강궁진이옵니다."

"아니, 자네가 강궁진 대감의 아들이라고! 역시 훌륭한 집안의 자제(아들을 높여서 부르는 말)로구나."

성종 임금은 크게 기뻐했습니다. 강궁진 대감이 나라를 위해 큰일을 했다는 것을 알고 있었기 때문입니다. 성종 임금은 다시 강감찬의 얼굴을 샅샅이 살펴보았습니다.

'얼핏 보기에는 못생긴 외모 같지만, 날카롭게 빛나는 눈빛은 맘에 드는구나. 훗날 나라에 큰 도움이 될 인재야.'

성종 임금은 결심을 굳힌 듯 강감찬에게 명을 내렸습니다.

"그동안 나라가 어지러울 때, 재능 있는 사람이 부족해서 걱정이 많았도다. 그런데 이렇게 뛰어난 그대를 신하로 맞이하게 되니 무척 기쁘구나. 강감찬을 양주 목사(지방의 관리)에 임명하니, 가서 백성을 가족처럼 돌봐 주도록 하라!"

"하늘 같은 은혜, 결코 잊지 않겠습니다."

이리하여 강감찬은 벼슬길에 오르게 되었습니다. 그의 나이 36세였습니다.

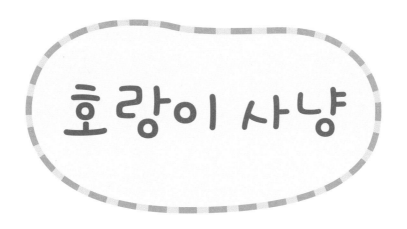

호랑이 사냥

강감찬은 양주로 내려갔습니다. 그런데 양주는 높은 산이 많은 곳이어서 호랑이가 많았습니다. 산에서 내려온 호랑이들은 마을로 침입하여 소나 돼지들을 물어 갔습니다. 심지어는 사람들을 해치기까지 했습니다.

"정말 큰일이군. 대낮에도 호랑이들이 마을로 내려와 피해를 주니 말이야. 어서 호랑이들을 없애지 않으면 백성들이 편히 살 수 없겠어."

강감찬은 백성들을 보호하기 위해 호랑이를 잡기로 마음을

먹었습니다. 그래서 강감찬은 백성들을 만나 직접 조사했습니다.

"호랑이들이 저리 날뛰는데, 왜 잡지 않습니까?"

강감찬의 말에 한 노인이 대답했습니다.

"저희들은 산신령이 호랑이로 변신했다고 믿고 있습니다. 그러니 호랑이를 쉽게 죽일 수가 없지요."

그러자 강감찬은 확신에 찬 목소리로 대답했습니다.

"그것은 아무 근거 없는 이야기입니다. 이번 기회에 제가 이 고을의 호랑이들을 모조리 없애겠습니다. 저를 믿고 따라 주십시오."

하지만 아무도 강감찬의 말을 믿어 주지 않았습니다. 그래도 강감찬은 자신 있는 태도로 마을 청년들을 불러 모아 호랑이를 잡으러 산으로 갔습니다.

"처음에 호랑이를 보면 무서운 마음도 들 것이다. 하지만 두려운 눈빛을 가지고 사냥에 나간다면 그 싸움은 지고 만다. 그러니 겁먹지 말고 씩씩하게 나를 따르라!"

처음에는 겁을 먹은 청년들이 많았습니다. 하지만 여럿이서 힘을 합해 호랑이를 잡기 시작하자 조금씩 용기가 생겼습니다. 특히 강감찬이 맨 앞에 서서 용감하게 사냥하자 청년들도 힘이 났습니다.

"와! 드디어 호랑이를 잡았다!"

마을 청년들은 화살을 쏘기도 했고, 창을 던지기도 했습니다. 땅바닥에 함정을 파서 호랑이를 잡기도 했습니다.

"호랑이 사냥을 나선 지도 여러 날이 되었구나. 이제 마을 사람들을 괴롭히던 호랑이도 꼬리를 감추었으니 다행이야."

강감찬은 호랑이 사냥을 성공적으로 마쳤습니다.

처음에는 양주 목사 강감찬의 말을 믿지 않던 백성들도 이제 소리 높여 그를 칭찬하기 시작했습니다.

"이제야 살겠네. 사나운 호랑이를 볼 수 없으니 말이야."

"다 목사님 덕분이지. 목사님이 아니었다면 지금도 방문을 꼭꼭 잠그고 살아야 했을 거야."

"그분이 우리 마을을 다스린 뒤부터 정말 살기 좋은 곳이 되

었어.”

양주 백성들은 하나같이 강감찬을 칭송하며 따랐습니다.

이 이야기는 성종 임금의 귀에까지 들어갔습니다. 그러자 성종 임금은 강감찬을 동경의 유수로 임명했습니다. 동경은 얼마 전까지 신라의 도읍지였던 경주를 말합니다.

“목사님, 부디 건강하십시오!”

“목사님! 그동안의 은혜에 감사드립니다.”

강감찬이 양주를 떠나던 날, 많은 백성들이 배웅을 하며 슬퍼했습니다. 강감찬 또한 아쉬워하며 길을 떠났습니다.

시간이 흘러 고려의 8대 임금인 현종이 왕위에 올랐습니다. 여러 명의 임금이 바뀌면서 나라 안은 매우 어지러웠습니다. 또한 밖으로는 거란족이 자주 국경을 침범했습니다.

서기 1010년, 거란의 왕은 40만 대군을 이끌고 고려 땅으로 쳐들어왔습니다. 이에 고려는 30만 군사로 맞서 싸웠습니다. 하지만 거란족은 세찬 기세로 수도인 개경으로 돌진해 왔습니다.

"큰일 났습니다! 지금 거란족이 여러 성들을 함락시키고,

개경으로 몰려들고 있다고 합니다!"

다급한 소식에 놀란 현종 임금은 여러 신하들을 불러 놓고 회의를 열었습니다.

"이 위급한 사태를 어떻게 해결하면 좋겠소?"

현종 임금의 물음에 신하들은 할 말이 없었습니다. 왜냐하면 고려의 군사들이 충분히 방어할 것이라 믿고, 대책을 마련해 두지 않았기 때문이었습니다.

"어찌하여 그대들은 나라가 위험한 지경에 빠졌는데도 대책을 구하지 않는단 말이오?"

"전하, 거란족이 이미 개경으로 들어오고 있사온지라 손쓸 길이 없을 것 같습니다. 그러니 차라리 거란의 왕에게 항복하시어 백성들에게 더 큰 피해가 돌아가지 않게 하십시오."

신하들의 말에 현종 임금은 화가 머리

끝까지 났습니다. 하지만 현종 임금 역시 뾰족한 대책이 없었습니다.

바로 그때였습니다. 구석에 조용히 앉아 있던 강감찬이 입을 열었습니다.

"전하, 절대 항복해서는 안 됩니다. 지금이라도 군사들과 백성들이 한마음으로 싸운다면 충분히 이길 수 있사옵니다. 그러니 거란의 왕에게 거짓으로 화해를 청하여 시간을 버십시오. 또한 만약을 대비해 전하께서는 잠시 다른 곳으로 피해 계십시오."

강감찬의 말에 용기를 얻은 현종 임금은 거란의 왕에게 화해를 제의했습니다.

"좋다. 거란군은 고려 땅에서 물러나겠다. 단, 고려의 임금이 직접 거란의 왕에게 사과를 해야 한다."

매우 부당한 요구였지만, 현종 임금은 거짓 항복을 약속했습니다. 마침내 거란족이 물러나고, 현종 임금은 수도인 개경으로 돌아왔습니다. 잿더미가 된 개경의 모습을 보니 현종 임

금의 마음은 찢어질 듯 아팠습니다.

"전하, 우선 오랑캐에게 가족을 빼앗긴 수많은 백성들의 마음을 어루만지고 보살펴 주십시오. 배고픔과 슬픔에 가득 찬 백성들에게 용기를 주십시오."

강감찬이 말했습니다.

그 후 현종 임금은 충신 강감찬의 말대로 세금을 줄이고, 백성들을 보살펴 주었습니다. 그런 노력 덕분에 고려의 백성들은 차츰 전쟁의 상처를 잊을 수 있었습니다.

이후 강감찬은 국자감(유학을 가르치던 최고의 국립 교육 기관) 좨주(종3품 벼슬)에서 중추원사로 벼슬이 또 올라갔습니다.

귀주 대첩

거란족의 침입 후, 강감찬은 군사 훈련을 열심히 했습니다. 그 결과 고려 군대는 용맹하고 씩씩해졌습니다.

이 무렵, 거란은 또다시 고려군을 치려고 기회를 보고 있었습니다. 고려 임금이 정식으로 거란 왕에게 항복하지 않자, 고려 땅인 강동 6주를 빼앗으려고 한 것입니다.

"그대의 능력을 믿고 서경(지금의 평양)의 유수로 임명하니, 부디 고려를 거란족으로부터 지켜 주시오."

현종 임금은 또다시 나라가 위태로워지자 군사상 중요한 지

역인 서경을 강감찬에게 맡겼습니다.

그리하여 강감찬은 서경에 가서 백성들을 보살피며 군사 훈련을 시작했습니다.

마침내 1018년, 거란의 10만 대군이 고려 땅으로 쳐들어왔습니다. 이미 준비를 하고 있던 강감찬은 강민첨과 함께 국경으로 달려갔습니다.

"분명 적은 흥화진으로 들어올 것이다. 동쪽의 강은 물이 깊지 않아 배를 타지 않고서도 건널 수 있으니 말이다. 그러니 우리는 이곳에 숨어서 적을 기다리자."

또한 강감찬은 강민첨에게 이렇게 명령했습니다.

"당장 날쌘 군사 1만 2천 명을 뽑으시오. 그리고 오늘 밤 산골짜기에 숨어 있다가, 내가 새벽에 신호를 보내거든 적을 향해 총공격하시오!"

강민첨의 부대가 산골짜기로 들어간 것을 확인한 후, 강감찬은 남아 있는 부하들에게 명령했습니다.

"너희들은 마을로 내려가 소가죽 수백 장을 구해 오너라. 어서 서둘러라!"

"예, 알겠습니다!"

부하들은 재빠르게 소가죽을 구해 왔습니다. 그러자 강감찬은 소가죽을 서로 이어서 천처럼 만들었습니다.

"여봐라! 강물 곳곳에 나무 말뚝을 박아라! 그리고 이 소가죽 천으로 강물을 막도록 해라!"

질긴 소가죽에 막혀 강물이 멈추었습니다. 강감찬은 군사들을 모두 강가에 숨도록 했습니다.

그때, 거란족 군사들이 강가에 도착했습니다.

"어서 강을 건너 앞으로 진격하라! 설령 고려군이 숨어 있더라도 막강한 우리 부대를 이기지는 못할 것이다!"

거란의 장수 소배압이 외쳤습니다. 그러자 거란의 군사들은 일제히 강을 건너기 시작했습니다. 강은 곧 헤아릴 수 없는 거란의 군사들로 가득 찼습니다.

"바로 이때다! 소가죽을 찢어 강물을 열어라!"

강감찬이 명령하자 큰 물줄기가 폭포를 이루면서 내려왔습

강감찬 장군의 동상 | 수원성 팔달산 중턱에 세워졌던 강감찬 장군의 동상은 2007년 12월 장안구 연무동의 광교 공원으로 옮겨졌습니다.

니다. 거대한 물줄기는 미처 피할 틈도 없이 거란 군사들을 덮쳤습니다.

"으악! 나 살려라!"

거란 군사들은 물속에서 허우적거리며 소리쳤습니다.

"고려의 군사들이여! 어서 가서 오랑캐 놈들을 모두 없애 버려라!"

고려군은 함성을 지르며 달려가 거란족을 해치웠습니다. 이
싸움에서 거란군은 1만여 명의 군사를 잃고 쫓겨갔습니다.

고려군의 사기는 하늘을 찌를 듯했지만, 강감찬은 그 순간

남들과 다른 생각을 하고 있었습니다.

"이 싸움에 이겼다고 좋아하기에는 아직 때가 이르오. 적군에게는 아직도 많은 군사가 남아 있으니 지금 곧 거란족을 쫓아가서 혼쭐을 내야 다시는 고려를 침범하지 않을 것이오."

강감찬은 강민첨에게 이렇게 말하고 자주(지금의 평안 남도 자산)로 내려갔습니다.

그리고 재빨리 2만 명의 군사를 모았습니다.

"거란의 장수, 소배압은 내 칼을 받아라!"

쉬고 있던 거란의 군사들은 크게 놀라 허둥지둥 도망을 가기에 바빴습니다. 고려군은 또다시 크게 이겼습니다.

소배압은 후퇴했습니다. 하지만 싸움에서 지고 자기 나라로 돌아갈 수는 없는 일이었습니다. 하는 수 없이 소배압은 개경으로 돌진한다고 거짓 소문을 내고, 북쪽으로 달아나려 했습니다.

"흥! 그런 거짓 작전에 속아 넘어갈 줄 아느냐? 북쪽으로 달려가서, 후퇴하는 오랑캐 놈들을 한 놈도 놓치지 말고 없애

라!"

또다시 피할 수 없는 싸움이 시작되었습니다.

양쪽 모두 죽기를 각오하고 싸웠지만, 거란군은 고려군의 용맹함을 당할 수 없었습니다.

결국 귀주 싸움에서 거란군은 거의 전멸하고 말았습니다. 이 전투가 바로 그 유명한 귀주 대첩입니다. '대첩'이란 크게 승리한 싸움을 말한답니다.

"강 장군! 큰일을 하였소!"

승리를 거두고 돌아온 강감찬을 맞이하기 위해 현종 임금이 직접 배웅을 나왔습니다. 그리고 강감찬에게 금으로 만든 꽃송이 8개를 머리에 꽂아 주었습니다. 이때가 1019년이고, 강감찬의 나이 72세였습니다.

나라 위해
바친 목숨

  강감찬도 늙어 이제 그만 벼슬자리에서 물러나고 싶었습니
다. 그래서 현종 임금에게 간청했습니다.

  "전하, 제 나이가 이미 칠순이 넘었습니다. 그래서 예전처
럼 나랏일을 돌보기에는 힘이 듭니다. 그러니 고향에 내려가
조용히 여생(남은 인생)을 보낼 수 있도록 허락하여 주십시오."

  그러나 현종 임금은 강감찬을 말렸습니다.

  "그건 안 될 소리요. 그대가 고향으로 내려가면 나는 누구를
믿고 지내란 말이오? 백성들을 위해서라도 조금만 더 나라를

위해 일해 주시오.”

하는 수 없이 강감찬은 1년을 더 일했습니다.

그리고 1년 뒤에는 단호히 벼슬에서 물러났습니다.

“그대 뜻이 정녕 그러하다면 고향에 내려가는 것은 허락하

겠소. 하지만 가끔씩 조정에 들러 내게 좋은 말을 해 주어야
하오. 아시겠소?"

　이렇게 말하며 현종 임금은 강감찬에게 높은 칭호를 내렸습
니다.

한편, 강감찬은 귀주 대첩 이후 혹시나 거란족이 다시 고려를 침입할까 봐 걱정이 되었습니다. 그래서 하루는 현종 임금을 찾아가 건의를 했습니다.

"지금은 거란족이 잠잠하나, 훗날 다시 고려 땅을 침입할까 봐 걱정이 이만저만이 아닙니다. 그러니 개경 주변에 적의 침입을 막을 수 있는 성을 쌓으십시오."

"좋소. 그대 뜻에 따르겠소."

강감찬의 말에 현종 임금은 개경 주변에 성을 쌓으라고 명령했습니다. 1029년의 일이었습니다.

현종 임금은 강감찬을 다시 곁으로 불렀습니다.

임금의 간청을 받아들여 다시 조정에 나온 강감찬에게 현종 임금은 가장 높은 벼슬인 '문하시중'을 내렸습니다.

1031년에 현종 임금은 세상을 떠났습니다.

그 뒤를 이은 덕종 임금도 강감찬을 매우 아꼈으나, 나라를 위하는 자신의 마음을 헤아려 준 현종 임금의 죽음은 강감찬에게 큰 충격을 주었습니다.

강감찬 장군의 사적비 | 강감찬 장군의 나라 사랑하는 마음과 업적을 후세에 전하기 위해 장군의 일대기를 적어 놓은 비석입니다.

"이제 내 나이도 84세가 되었구나. 살 날이 얼마 남지 않은 것 같구나."

용맹한 장수도 흐르는 시간을 멈추게 할 수는 없는 법이지요. 마침내 1031년 8월, 강감찬은 조용히 숨을 거두었습니다.

나라에서는 강감찬의 큰 공을 헤아려 그의 업적을 널리 세상에 알렸습니다.

그리하여 강감찬 장군은 고려 시대뿐만 아니라 오늘날까지도 우리 가슴속에 살아 있게 되었답니다. ✼

강감찬의 삶

연 대	발 자 취
948년(1세)	금주(지금의 서울 봉천동 낙성대)에서 삼한 벽상 공신 강궁진의 아들로 태어나다.
953년(6세)	아버지에게 천자문을 배우다. 병서 등의 어려운 책을 읽으며 글공부를 하고, 무술을 익히다.
981년(34세)	고려의 경종이 승하하고, 성종이 왕위를 이어받다.
983년(36세)	늦은 나이에 과거를 보아 장원으로 급제하다.
993년(46세)	거란족이 세운 요나라의 소손녕이 쳐들어오다. 서희가 담판 외교를 벌여 거란군을 물러가게 하다.
997년(50세)	고려의 성종이 승하하고, 목종이 왕위를 이어받다.
998년(51세)	병이 든 서희 장군을 찾아가 나라를 지킬 의논을 하다. 그 해 7월에 서희 장군이 세상을 떠나다.
1009년(62세)	강조가 고려의 목종을 임금의 자리에서 몰아 내고 현종을 임금으로 세우다.
1010년(63세)	요나라 성종이 대군을 이끌고 침입하다. 거란에 항복하자는 조정의 뜻에 강감찬 홀로 반대하며 현종을 나주로 피난시키고, 거란군을 타일러서 돌려보내다.
1018년(71세)	거란의 침입에 철저히 대비하다. 요나라 소배압이 많은 군사를 이끌고 쳐들어오자 압록강 부근에서 적을 크게 무찔러 거란의 1차 침입을 막아 내다.
1019년(72세)	개경 함락을 포기하고 돌아가는 거란군을 귀주에서 크게 무찌르다(귀주 대첩).
1020년(73세)	임금의 허락을 받아 벼슬에서 물러나다.
1029년(82세)	임금에게 의견을 내 개경(개성) 주위에 성을 쌓고 적군의 침입에 대비하다.
1030년(83세)	임금의 간청을 받아들여 다시 조정에 나가 문하시중이 되다.
1031년(84세)	현종이 승하하다. 석 달 뒤, 강감찬도 세상을 떠나다.

![읽으며 생각하며!]

1. 강감찬이 어릴 때 재미있게 읽었던 책 중에는 전쟁터에서 적과 싸워 이기는 방법이 담긴 책도 있었습니다. 이러한 책을 무엇이라고 부르나요?

2. 다른 아이들보다 몸집이 작았던 강감찬이 또래 아이들 사이에서 늘 대장 노릇을 할 수 있었던 것은 어떤 재능이 있었기 때문이었나요?

> "얘들아! 나에게 우리 편이 이길 수 있는 기막힌 작전이 있어. 우선 너희들을 세 무리로 나누어 줄 테니 두 무리는 산속 벼랑 쪽에 따로 숨고, 나머지는 여기 남아 있어."
>
> "하지만 우리 편은 저쪽 편보다 수가 적잖아. 그런데도 우리보고 숨어 있으라고?"
>
> "걱정하지 말고, 내 말을 믿어 봐. 우리 편이 적기 때문에 작전을 써야만 이길 수 있어. 여기 남아 있는 너희들은 적에게 쫓겨 도망을 치는 척하면서 그들을 벼랑 쪽으로 이끌어야 해."

3. 1018년, 거란은 세 번째로 고려에 쳐들어옵니다. 이듬해 강감찬은 뛰어난 작전을 세워 거란군을 크게 무찌르는데, 귀주에서 벌어진 이 싸움을 무엇이라고 부르나요?

4. 1010년, 거란이 40만 대군을 이끌고 고려에 쳐들어와 수도인 개경까지 빼앗길 위기에 처하자, 신하들은 항복하자고 말합니다. 하지만 강감찬은 이를 반대하며, 거란을 물리칠 한 가지 꾀를 내놓았습니다. 강감찬이 내놓은 꾀를 써 보세요.

> "이 위급한 사태를 어떻게 해결하면 좋겠소?"
> 현종 임금의 물음에 신하들은 할 말이 없었습니다. 왜냐하면 고려의 군사들이 충분히 방어할 것이라 믿고, 대책을 마련해 두지 않았기 때문이었습니다.
> "어찌하여 그대들은 나라가 위험한 지경에 빠졌는데도 대책을 구하지 않는단 말이오?"
> "전하, 거란족이 이미 개경으로 들어오고 있사온지라 손쓸 길이 없을 것 같습니다. 그러니 차라리 거란의 왕에게 항복하시어 백성들에게 더 큰 피해가 돌아가지 않게 하십시오."

5. 강감찬이 태어나던 날, 문곡성이 그의 집 위로 떨어졌다고 합니다. '문곡성'은 아기의 탄생과 관련해 어떤 의미를 가지고 있나요? 강감찬은 결국 어떤 큰일을 해냈나요?

6. 강감찬은 거란의 10만 대군이 고려에 쳐들어왔을 때 어떤 작전으로 물리쳤나요?

마침내 1018년, 거란의 10만 대군이 고려 땅으로 쳐들어왔습니다. 이미 준비를 하고 있던 강감찬은 강민첨과 함께 국경으로 달려갔습니다.

"분명 적은 흥화진으로 들어올 것이다. 동쪽의 강은 물이 깊지 않아 배를 타지 않고서도 건널 수 있으니 말이다. 그러니 우리는 이곳에 숨어서 적을 기다리자."

또한 강감찬은 강민첨에게 이렇게 명령했습니다.

"당장 날쌘 군사 1만 2천 명을 뽑으시오. 그리고 오늘 밤 산골짜기에 숨어 있다가, 내가 새벽에 신호를 보내거든 적을 향해 총공격하시오!"

7. 강감찬은 몸집이 작고 못생긴 외모를 극복하고, 훌륭한 장군으로 이름을 떨쳤습니다. 나도 외모 때문에 꿈을 이루지 못할 것으로 생각해 고민한 적이 있었는지, 지금은 어떠한지, 만약 생각이 바뀌었다면 그 계기가 무엇인지 자신의 경험을 써 보세요.

 풀이

1. 병서

2. 이길 수 있는 작전을 잘 세우는 재능.

3. 귀주 대첩

4. 예시 : 거란의 왕에게 거짓으로 화해를 청하여 시간을 번 후, 고려의 힘을 길러 대비책을 마련하자고 했다. 군사 훈련을 열심히 하고, 군사상 중요한 지역은 강감찬이 직접 맡아 철저한 훈련을 실시했다. 그리하여 8년 후, 거란족이 다시 쳐들어왔을 때는 그동안 준비해 두었던 군사력을 바탕으로 치밀한 작전을 세워 물리칠 수 있었다.

5. 예시 : 문곡성은 사람의 운명을 판단하는 아홉 개의 별 중에서 네 번째 별이다. 이 별이 떨어진 집에서 태어났다는 것은, 장차 세상에 큰일을 할 인물로 태어났음을 뜻한다. 문곡성이 떨어진 집에서 태어난 강감찬은 훌륭한 장군이 되어 거란의 침략으로부터 나라를 구했다.

6. 예시 : 질긴 소가죽 수백 장으로 강물을 막아 놓았다가, 거란군이 강을 건널 때 소가죽을 찢어 물줄기가 한꺼번에 쏟아지게 했다. 그리고 폭포처럼 쏟아져 내려오는 큰 물줄기에 휩쓸려 허우적거리는 거란군을 공격했다. 이런 방법으로 고려군은 큰 피해 없이 적군을 무찌를 수 있었다.

7. 예시 : 나는 멋진 댄스 가수가 되는 것이 꿈이다. 그런데 키에 비해 통통한 편이어서 율동을 할 때 예쁘게 보이지 않아 속상했다. 내 고민을 들으신 엄마는 내가 아직 어리니 꾸준히 운동을 하면서 꿈을 이루기 위해 노력하면 꼭 가수가 될 거라고 말씀해 주셨다. 생각해 보니 어른이 되려면 아직 많은 시간이 남았는데 미리 포기할 필요는 없을 것 같다. 나는 요즘 매일 꾸준히 줄넘기와 훌라후프를 하면서 내 꿈에 한 걸음씩 다가가고 있다.

우리나라 역사 인물 및 사건

- 광개토태왕 (374~412)
- 을지문덕 (?~?)
- 연개소문 (?~666)
- 김유신 (595~673)
- 대조영 (?~719)
- 장보고 (?~846)
- 왕건 (877~943)
- 강감찬 (948~1031)
- 최무선 (1328~1395)
- 황희 (1363~1452)
- 세종대왕 (1397~1450)
- 장영실 (?~?)
- 신사임당 (1504~1551)
- 이이 (1536~1584)
- 허준 (1539~1615)
- 유성룡 (1542~1607)
- 한석봉 (1543~1605)
- 이순신 (1545~1598)
- 오성과 한음 (오성 1556~1618 / 한음 1561~1613)

사건:
- 고구려 살수대첩 (612)
- 신라 삼국 통일 (676)
- 견훤 후백제 건국 (900)
- 궁예 후고구려 건국 (901)
- 고려 강화로 도읍 옮김 (1232)
- 개경 환도, 삼별초 대몽항쟁 (1270)
- 문익점 원에서 목화씨 가져옴 (1363)
- 최무선 화약 만듦 (1377)
- 허준 동의보감 완성 (1610)
- 병자호란 (1636)
- 고구려 불교 전래 (372)
- 상평통보 전국 유통 (1678)

B.C.	선사 시대 및 연맹 왕국 시대	A.D. 삼국 시대	698 남북국 시대	918	고려 시대	1392

2000	500	400	300	100	0	300	500	600	800	900	1000	1100	1200	1300	1400	1500	1600

- 고조선 건국 (B.C. 2333)
- 철기 문화 보급 (B.C. 300년경)
- 고조선 멸망 (B.C. 108)
- 고구려 불교 전래 (372)
- 신라 불교 공인 (527)
- 대조영 발해 건국 (698)
- 장보고 청해진 설치 (828)
- 왕건 고려 건국 (918)
- 귀주 대첩 (1019)
- 윤관 여진 정벌 (1107)
- 조선 건국 (1392)
- 훈민정음 창제 (1443)
- 한산도 대첩 (1592)
- 임진 왜란 (1592~1598)

B.C.	고대 사회	A.D. 375	중세 사회	1400

세계 역사

- 중국 황하 문명 시작 (B.C. 2500년경)
- 인도 석가모니 탄생 (B.C. 563년경)
- 알렉산더 대왕 동방 원정 (B.C. 334)
- 크리스트교 공인 (313)
- 게르만 민족 대이동 시작 (375)
- 로마 제국 동서로 분열 (395)
- 수나라 중국 통일 (589)
- 수 멸망 당나라 건국 (618)
- 이슬람교 창시 (610)
- 러시아 건국
- 거란 건국 (918)
- 송 태종 중국 통일 (979)
- 제1차 십자군 원정 (1096)
- 테무친 몽골 통일 칭기즈 칸이 됨 (1206)
- 원 제국 성립 (1271)
- 원 멸망 명 건국 (1368)
- 잔 다르크 영국군 격파 (1429)
- 구텐베르크 금속 활자 발명 (1450)
- 코페르니쿠스 지동설 주장 (1543)
- 도요토미 히데요시 일본 통일 (1590)
- 독일 30년 전쟁 (1618)
- 영국 청교도 혁명 (1642~1649)
- 뉴턴 만유인력의 법칙 발견 (1665)

인물:
- 석가모니 (B.C. 563?~B.C. 483?)
- 예수 (B.C. 4?~A.D. 30)
- 칭기즈 칸 (1162~1227)

정약용			최제우		주시경			우장춘	유관순			백남준		이태석		

정약용
(1762~1836)

김정호
(?~?)

주시경
(1876~1914)

김구
(1876~1949)

안창호
(1878~1938)

안중근
(1879~1910)

우장춘
(1898~1959)

유관순
(1902~1920)

방정환
(1899~1931)

윤봉길
(1908~1932)

이중섭
(1916~1956)

백남준
(1932~2006)

이태석
(1962~2010)

이승훈
천주교
전도
(1784)

최제우
동학
창시
(1860)

김정호
대동여
지도
제작
(1861)

강화도
조약
체결
(1876)

지석영
종두법
전래
(1879)

갑신
정변
(1884)

동학
농민
운동,
갑오
개혁
(1894)

대한
제국
성립
(1897)

을사
조약
(1905)

헤이그
특사
파견,
고종
퇴위
(1907)

한일
강제
합방
(1910)

3·1
운동
(1919)

어린이날
제정
(1922)

윤봉길·
이봉창
의거
(1932)

8·15
광복
(1945)

대한
민국
정부
수립
(1948)

6·25
전쟁
(1950~1953)

10·26
사태
(1979)

6·29
민주화
선언
(1987)

서울
올림픽
개최
(1988)

북한
김일성
사망
(1994)

의약
분업
실시
(2000)

조선 시대	1876 개화기	1897 대한 제국	1910 일제 강점기	1948 대한민국

1700	1800	1850	1860	1870	1880	1890	1900	1910	1920	1930	1940	1950	1970	1980	1990	2000

근대 사회	1900 현대 사회

미국
독립
선언
(1776)

프랑스
대혁명
(1789)

청·영국
아편
전쟁
(1840~1842)

미국
남북
전쟁
(1861~1865)

베를린
회의
(1878)

청·
프랑스
전쟁
(1884~1885)

청·일
전쟁
(1894~1895)

헤이그
평화
회의
(1899)

영·일
동맹
(1902)

러·일
전쟁
(1904~1905)

제1차
세계
대전
(1914~1918)

러시아
혁명
(1917)

세계
경제
대공황
시작
(1929)

제2차
세계
대전
(1939~1945)

태평양
전쟁
(1941~1945)

국제
연합
성립
(1945)

소련
세계
최초
인공위성
발사
(1957)

제4차
중동
전쟁
(1973)

소련
아프가니
스탄
침공
(1979)

미국
우주
왕복선
콜럼비아
호 발사
(1981)

독일
통일
(1990)

유럽
11개국
단일
통화
유로화
채택
(1998)

미국
9·11
테러
(2001)

워싱턴
(1732~1799)

페스탈
로치
(1746~1827)

모차
르트
(1756~1791)

나폴
레옹
(1769~1821)

링컨
(1809~1865)

나이팅
게일
(1820~1910)

파브르
(1823~1915)

노벨
(1833~1896)

에디슨
(1847~1931)

가우디
(1852~1926)

라이트
형제
(형, 윌버
1867~1912 /
동생, 오빌
1871~1948)

아문센
(1872~1928)

슈바이처
(1875~1965)

아인슈
타인
(1879~1955)

마리
퀴리
(1867~1934)

간디
(1869~1948)

헬렌
켈러
(1880~1968)

테레사
(1910~1997)

만델라
(1918~2013)

마틴
루서 킹
(1929~1968)

스티븐
호킹
(1942~2018)

오프라
윈프리
(1954~)

스티브
잡스
(1955~2011)

빌
게이츠
(1955~)

2022년 6월 25일 2판 4쇄 **펴냄**
2014년 1월 10일 2판 1쇄 **펴냄**
2008년 3월 5일 1판 1쇄 **펴냄**

펴낸곳 (주)효리원
펴낸이 윤종근
글쓴이 이동렬 · **그린이** 박준
사진 제공 중앙포토
등록 1990년 12월 20일 · **번호** 2-1108
우편 번호 03147
주소 서울시 종로구 삼일대로 457, 406호
전화 02)3675-5222 · **팩스** 02)765-5222

잘못 만들어진 책은 구입하신 서점에서 바꾸어 드립니다.
ISBN 978-89-281-0318-8 64990

이메일 hyoreewon@hyoreewon.com
홈페이지 www.hyoreewon.com